LEGAL GELD VERDIENEN

- WIE SIE GANZ LEGAL IM INTERNET GELD VERDIENEN -

AF272464

Maximilian Caspar erblickte bei angenehmen sommerlichen Temperaturen von nur 17 Grad, im Juni 1982 das Licht der Welt. Er stammt aus einem kleinen Städtchen am Torbogen zu Thüringen.

Im Jahr 2012 wechselte er die Seiten der Buchbranche und wurde vom klassischen Buchhändler zum Autor. Caspar veröffentlicht als deutscher Autor Ratgeber aus verschiedensten Genres.

LEGAL GELD VERDIENEN
- WIE SIE GANZ LEGAL IM INTERNET GELD VERDIENEN -

von
Maximilian Caspar

Die Landesbibliothek und die deutsche Nationalbibliothek (DNB) verzeichnet diese Publikation in der Deutschen Nationalbibliografie; detaillierte bibliographische Daten sind im Internet über http://dnb.d-nb.de abrufbar.

LEGAL GELD VERDIENEN
Ratgeber: Wie Sie ganz legal im Internet Geld verdienen
von Maximilian Caspar

ISBN: 978-3-8391-2787-2

Projektbetreuung: Maximilian Caspar
Herstellung und Verlag: BoD – Books on Demand, Norderstedt
Titelbild: Maximilian Caspar unter Verwendung von BoD und pixabay

Copyright by © Maximilian Caspar
1. Auflage 2016 (Stand: 04/2016)
buchprojekt@ok.de

Printed in Germany

INHALT

ÜBER DIESES BUCH

Guten Tag,

wir kennen uns nicht und dennoch kann ich Ihren Antrieb zum lesen dieses Buches erahnen. In der heutigen Zeit ist es nicht immer so einfach: Die einen haben Arbeit für wenig Geld und als Bonuszugabe des Lebens auch noch sehr wenig Freizeit. Andere wiederum haben mehr als genügend Zeit und wissen jene nicht gerade sinnvoll zu nutzen. Dann gibt es auch noch diejenigen, die anstatt eines Jobs gleich mehrere haben. Zu guter letzt gibt es auch die Menschen, die nur zu gerne etwas an Ihrer Situation ändern wollen aber nicht wissen wie.

In den folgenden Kapiteln geht es nicht darum Ihr Leben zu analysieren und eventuell mit erhobenen Zeigefinger Ihnen ins Gewissen zu reden. Es geht vielmehr darum, demjenigen, der gewillt ist, mehr aus seiner Situation zu machen, eine Möglichkeit des legalen Geld Verdienens aufzuzeigen.

»Jedoch eines gibt es noch!« Das liebe Finanzamt passt natürlich auf und alle aufgezeigten Ideen können Erfolg haben. Je nachdem wie viel Zeit und Durchhaltevermögen Sie investieren können oder wollen.

Ich rate daher immer, einen kleinen Gewerbeschein zu beantragen. Sie gehen hierfür in Ihr städtisches Verwaltungszentrum und beantragen einen Gewerbeschein als Nebengewerbe. Wenn möglich im Dienstleistungsbereich. Denn mit dieser Bezeichnung haben Sie alles abgedeckt.

Wenn möglich weisen Sie vorsorglich schon jetzt daraufhin, dass Sie die Kleinunternehmerregelung - § 19 UStG - in Anspruch nehmen möchten. Sollte dies im Zuge der Beantragung nicht berücksichtigt werden können, dann holen Sie dies einfach bei Ihrem örtlichen Finanzamt des Vertrauens nach.

»Was ist die Kleinunternehmerregelung?« Die Kleinunternehmerregelung gemäß § 19 UStG ist eine vereinfachte Regelung im Umsatzsteuerrecht. Mit jener Regelung räumt man Unternehmern mit niedrigen Umsätzen ein Wahlrecht ein, weitgehend wie Nichtunternehmer behandelt zu werden.

Der Kleinunternehmer unterliegt dennoch dem Umsatzsteuergesetz. Insoweit entsteht (§ 38 AO) auch die Umsatzsteuer. Allerdings wird die Steuer durch das Finanzamt nicht erhoben (§ 218 ff. AO)!

»Vorteile / Nachteile« Im Wesentlichen können Kleinunternehmer auf den Ausweis und die Abführung von Umsatzsteuer verzichten, sind dann aber auch vom Vorsteuerabzug aus Rechnungen anderer Unternehmer ausgeschlossen.

Dieses Buch ersetzt keine Rechts- oder Existenzberatung! Daher gilt: Sollten Sie weitere Fragen zu Existenzgründung oder steuerrechtlichen Dingen haben, so wenden Sie sich vertrauensvoll an Ihrem Steuerberater, das Finanzamt oder Sie besuchen einen der zahlreich angebotenen Existenzgründerseminare.

Wenn Sie dieses Buch bis hierhin gelesen haben, dann schaffen Sie auch eine der vorgestellten Ideen umzusetzen. Haben Sie Mut! Sie benötigen nicht viel: Mut zur Selbstständigkeit, den nötigen Biss zum Durchhalten und den Willen zur tatkräftigen Arbeit.

Ihr

Maximilian Caspar

Zwickau im April 2016

„Die größte Entscheidung Deines Lebens
liegt darin, dass Du Dein
Leben ändern kannst, indem Du Deine
Geisteshaltung änderst.“

Ludwig Philipp Albert Schweitzer
(* 14. Januar 1875; † 4. September 1965)

SAMMELAKTION

Eine Möglichkeit um schnell und ganz legal an Geld zu kommen, ist eine selbstorganisierte Sammelaktion.

In diesem Kapitel beschreibe ich Schritt für Schritt, wie sie mit minimalem Einsatz eine "Büchersammelaktion" durchführen können und Sie die gesammelten Exemplare wieder gewinnbringend veräußern können.

Dinge die Sie benötigen

- einen PC und etwas PC Kenntnisse

- einen Drucker und Papier

- Ortskenntnisse und/oder einen Stadtplan

- etwas Durchhaltevermögen

- ein wenig Platz

- und einen PKW

Vorbereitung

Damit Ihre Sammelaktion überhaupt wahrgenommen werden kann, bedarf es der Werbung. Hierbei empfiehlt es sich Handzettel auch Flyer genannt (DIN A4) anzufertigen.
Auf Ihren ersten selbst hergestellten Handzettel kommen alle wichtigen Informationen. Was Sie sammeln, Datum und Uhrzeit (am besten mit einer Zeitspanne versehen) und ganz wichtig das Impressum. Wie bei jedem Druckerzeugnis, auch wenn Sie hier nur einen Handzettel anfertigen, muss es mit einem Impressum versehen werden (Vorname und Name, Straße und

Hausnummer, Postleitzahl und Ort, Ihre Telefonnummer).
Um ein höheres Interesse zu wecken, können Sie auf der Rückseite auch gern beschreiben zu welchem Zweck Sie sammeln und was mit den Gegenständen passieren wird. Vermeiden Sie Äußerungen wie Müll und wegschmeißen. Ziel Ihrer Aktion sollte es ja nicht sein alles in die Tonne zu befördern.

Haftung für Ihre Gegenstände

Es ist ratsam einen Hinweis auf Ihrem Handzettel anzubringen der wie folgt lauten kann: "Für zu spät bereitgestellte Gegenstände übernehme ich keine Haftung." Da es ja rein rechtlich gesehen mit dem herausstellen der Gegenstände schon Ihr Eigentum ist und Sie auch ab dem Zeitpunkt dafür verantwortlich sind, sollten Sie sich vor "Zu-spät-raussstellern" schützen. Solch ein Hinweis kann Sie vor großem Ärger schützen. Aus diesem Grunde sollten Sie auch einen Handzettel immer aufbewahren.

Ein Beispiel eines Handzettels für eine Büchersammelaktion

Kopfzeile (Überschrift)

SAMMELAKTION
Wir sammeln kostenlos folgende Dinge:

Im oberen Teil

* Bücher: Hard- und Softcover
* Comics
* Post-, Land- und Feldkarten
* Graphiken: Kupfer-, Holz- und Stahlstiche
* Gemälde, Rahmen, Zeichnungen und Aquarelle
* Brett- und Gesellschaftsspiele
* Hörbücher, CDs, DVDs, LPs, Software und Games
* Handys, Notebooks, Tablets und E-Book Reader
* Digitalkameras, Objektive und Blitzgeräte
* Konsolen & MP3-Player

Im mittleren Teil

Termin:
Freitag, DD.MM.JJJJ ab 8 Uhr

Hinweis: Für zu spät bereitgestellte Gegenstände übernehmen wir keine Haftung!

Im unteren Teil
Bitte stellen Sie die Sachen entweder in Tüten oder Kartons (gut sichtbar) verpackt vor Ihre Haustür!

Sollte es Ihnen schwer fallen oder Sie haben ein hohes Aufkommen an Exemplaren, dann vereinbaren Sie mit uns einen Termin. Wir helfen Ihnen gern beim einpacken und verladen der Gegenstände.

Telefon: +49 (0) 1234 – 567 89 012

Fußzeile (Hinweis und Impressum)
Diese Sammelaktion wird organisiert von:
Max Mustermann, Musterstr. 01 in 23456 Musterhausen
Telefon: +49 (0) 1234 – 567 89 012

Bildrechte
Um Ihren Handzettel ansprechend zu dekorieren, sind Bilder sehr zu empfehlen. Jedoch Vorsicht: Sie sollten Ihren Handzettel nicht mit Bildinformationen überladen. Um das passende Bild zu finden, nutzen Sie den Service sogenannter Bildagenturen. Es gibt eine Vielzahl an Bildagenturen, wo Sie für Bildnutzungsrechte eine Gebühr entrichten müssen. Es gibt auch Bildagenturen, bei denen man völlig legal und kostenfrei seine Bilder beziehen kann. Eine solche Bildagentur finden Sie auf pixabay [Punkt] com.
Achten Sie bitte auch darauf, unter welchen Bedingungen Sie diese Bilder nutzen dürfen. Ein Copyrightvermerk des Urhebers ist immer auf Ihren Druckerzeugnissen erforderlich.

Zeitpunkt
Nun haben Sie Ihren ersten eigenen Handzettel vorbereitet und Sie können den genauen Zeitpunkt planen. Zu empfehlen ist, dass Sie Ihre Handzettel am Montag komplett verteilen (Briefkästen). Als Zeitpunkt des Abholens sollten Sie den Freitag in der Zeit zwischen 7:00 und 8:00 Uhr festlegen.
Erstens haben die angesprochenen Personen genug Zeit um ihr Hab und Gut durchzustöbern, zweitens gibt es auch Personen, die Ihre abzugebenden Gegenstände bereits am Abend zuvor

oder am frühen Morgen vor die Türe stellen. Damit die Gegenstände nicht stundenlang, noch im Regen, vor irgendwelchen Türen verweilen müssen, sollten diese auch in einer gewissen Zeitspanne eingeholt werden.

Nachdem Sie nun auch einen Termin gefunden haben, geht es ans Drucken. Eine Druckauflage von mindestens 500 bis 1.000 Exemplaren ist sinnvoll. Hört sich viel an, jedoch zeigt die Erfahrung dass es schnell in einem Wohngebiet verteilt ist.

Handzettel verteilen
Sie machen sich nun auf den Weg, um Ihre Handzettel in dem von Ihnen ausgewähltem Wohngebiet zu verteilen. Damit Sie auch zielgerichtet arbeiten können, sollten Sie es vermeiden, die Handzettel in Tankstellen oder Bistros auszulegen.
Im Wohngebiet angekommen, gehen Sie jetzt von Briefkasten zu Briefkasten und stecken einen Handzettel hinein. Vorsicht: Hinweisschilder "Bitte keine Werbung" sollten unbedingt berücksichtigt werden. In solche Briefkästen nichts, aber auch gar nichts an Werbung hineinwerfen. Denn was für Sie vielleicht nicht so schlimm wirken mag, kann Sie am Ende teuer zu stehen kommen. Es gab schon Fälle da wurde auf "Lebenszeitverkürzung" und das mit Erfolg geklagt.

Nachdem Sie Ihr Wohngebiet durchgearbeitet haben können Sie nun erst einmal nachhause fahren. Es kann passieren, dass einige Personen bei Ihnen anrufen. Entweder haben diese Fragen zu Ihrer Aktion, weisen Sie auf eventuelle Schwachstellen hin oder benötigen schlichtweg Hilfe beim verladen.

Tag der Abholung
Der langersehnte Tag ist nun angebrochen. Nach einem kräftigen Frühstück machen Sie sich nun auf dem Weg in Ihr festgestecktes Wohngebiet. Haustür für Haustür halten Sie nun Ausschau nach Kartonagen und Tüten. Es ist ratsam alles einzusammeln, selbst wenn es für Sie wertlos erscheinen mag. Zurückgelassener Unrat wirft nur ein schlechtes Licht auf Sie.

Auswertung
Nachdem Sie alle Gegenstände eingeholt haben, geht es um das Sortieren der Ware. Kaputte Gegenstände sollten Sie sofort vernichten. Die Guten Dinge können Sie nun bei diversen

Ankaufsportalen wie MOMOX, REBUY, BLIDAD oder auch AMAZON anbieten. Ja auch AMAZON bietet die Möglichkeit Bücher, CDs und DVDs sofort anzukaufen.

Das Anbieten bei solchen Ankaufsplattformen ist in der Regel recht einfach. Scannen oder Tippen Sie den ISBN/EAN Code ein und das Portal macht Ihnen sofort ein Angebot.

Beispiel eines ISBN/EAN Codes

Nachdem Sie alles an dem Anbieter Ihrer Wahl übermittelt haben, können Sie nun Ihren Ankauf abschließen. In der Regel erhalten Sie einen Retouren Versandaufkleber zum Ausdrucken, damit Ihnen keine Versandkosten entstehen. Nur noch das Paket packen, verschließen und ab zur Post. Bereits einige Tage später erhalten Sie dann eine Nachricht mit dem Ergebnis Ihres Verkaufes. In der Regel dauert es ungefähr eine Woche bis Sie eine Gutschrift auf Ihrem Konto verzeichnen können.

Was mache ich mit dem Rest?
Sicher wird es nicht möglich sein, alle Gegenstände an die Plattformbetreiber zu veräußern. Mit dem Rest können Sie jedoch noch allerhand Gewinnbringendes anstellen. Entweder Sie verkaufen alle Gegenstände auf dem Flohmarkt, eBay oder Sie verkaufen selbst auf AMAZON. Eine weitere Möglichkeit wäre es, die restlichen Bücher von dem Buchdeckel zu befreien und die übriggebliebenen Buchblöcke zum Altpapierankauf zu fahren. Die Preise für Altpapier liegen zwischen 5ct und 7ct. Genauere Informationen erhalten Sie bei einem Händler, der solch einen Altpapierankauf anbietet.

* * *

„Man muss das Unmögliche versuchen,
um das Mögliche zu erreichen."

Hermann Karl Hesse
(* 2. Juli 1877; † 9. August 1962)

ROHSTOFFE

Altpapier und Kleidung sind kein Müll. Es handelt sich hierbei um Rohstoffe, mit denen auch Sie Geld verdienen können. In fast jeder Stadt gibt es eine Ankaufsstelle. Googeln Sie mal nach: *"Papier Ankauf in meiner Nähe"*

Ankaufsbedingungen für Papier
Die Ankaufsbedingungen sind recht simpel und fast immer gleich. Es wird nur trockenes Altpapier angekauft. Keine Kartonagen, Schutzumschläge, Buchcover und Tüten.
Bei Büchern ist der Schutzumschlag und das Cover zu entfernen. Mit ein wenig Übung ist dies leicht geschehen. Packen Sie nun alle Buchblöcke und Zeitungen in Kartons und beladen Sie Ihr Fahrzeug damit.

Ankaufsbedingungen für Kleider
Bei Textilien sollten Sie auf gebrauchsfähige und saubere Ware achten. Alles gut in 120 Liter Säcken verstauen und ab in den PKW damit.

Preise
Es gibt kleine, aber feine Unterschiede. In der Regel erhalten Sie für 1Kg Altpapier zwischen 5ct und 7ct. Hingegen für Textilrohstoffe zwischen 10ct und 20ct das Kilo gezahlt wird.

Beispiel
Wir nehmen mal an, dass Sie Ihren PKW normaler Mittelklassewagen, mit Papier voll gestopft haben. Um unser Beispiel besser berechnen zu können nehmen wir einen Richtwert von 300 Kg Papier und Sie erhalten pro Kilo 5ct.

300 x 0,05 EUR = <u>15,00 EUR</u>

Papier aus Tonnen oder die Textilrohstoffe aus dem Container

Solltest Du solche oder ähnliche Gedanken hegen, so lass Dir gesagt sein: "lass es!!!" Die Papiertonne genau wie die Sammelcontainer für Textilrohstoffe gehören jemanden, somit auch der Inhalt.

Was jedoch geht ist Folgendes

Du kannst nett und höflich Deinen Nachbarn fragen, ob Du seinen Inhalt aus der Papiertonne bekommen kannst. Mit dem Einverständnis der betreffenden Person, deren Besitz das Altpapier darstellt, darfst Du das Altpapier gern weiter verwerten. Herrenlose Papiertonnen hingegen, solltest Du nicht anrühren. Streng genommen, stellt dies einen Diebstahl dar.

* * *

„Lehne es nicht ab, dass Negative
zur Kenntnis zu nehmen.
Weigere Dich lediglich, Dich ihm
zu unterwerfen."

Norman Vincent Peale
(* 31. Mai 1898; † 24. Dezember 1993)

FLOHMARKT

Eine weitere Möglichkeit des legalen Geldverdienens gibt uns der Flohmarkt. Um entsprechende Termine zu bekommen können Sie wieder einmal die Googlesuche benutzen: *"Flohmärkte in meiner Nähe"* – sehr zu empfehlen ist auch das Portal marktom [Punkt] de.

Je nachdem was und wie viel Sie anbieten möchten unterscheiden sich die Flohmärkte in Tages- und Nachtflohmärkte. Die Tagesflohmärkte sind meist unter freiem Himmel und deutlich günstiger in den zu entrichtenden Standgebühren.
Hingegen die Nachtflohmärkte eher am späteren Nachmittag beginnen und erst spät am Abend enden. Bei diese Art der Flohmärkte ist man zwar vor Wind und Wetter geschützt, da es meist in einer Halle stattfindet, jedoch merkt man das auch in den zu entrichtenden Standgebühren.

Wenn Sie also nur kleinen Krimskrams haben, so empfehle ich Ihnen, sich einen Tagesflohmarkt in der Nähe zu suchen. Sie können jeden Veranstalter vorab anrufen um alle wesentlichen Dinge in Erfahrung zu bringen: Höhe der Standgebühren, Dauer etc.

Es ist vollkommen Ihnen überlassen, wie Sie Ihren Stand nutzen möchten. Sei es die Präsentation Ihrer Goldstücke auf einer Decke oder auf dem handelsüblichen Tapeziertisch von Ihrem Nachbarn. Wichtiger ist: Die Ware sollte sauber und in einem ordentlichen Zustand präsentiert werden.

Preisgestaltung
Die richtige Preisfindung bei gebrauchten Gegenständen gestaltet sich oft etwas schwierig. Sie sollten es vermeiden, all zu hohe

Preise anzustreben. Vielleicht nutzen Sie ja mal die Zeit und schauen, was Ihre Verkaufskollegen so an Preise nehmen.

Tag des Flohmarktes

Sie haben die letzte Nacht vielleicht unruhig geschlafen, da Sie so aufgeregt sind. Doch nun ist es endlich soweit. Sie haben alles gut verstaut (Ware, Tische, einen Klappstuhl, etwas Wechselgeld, Wichtig: das Standgeld, etwas zu Essen und zu Trinken ...) fühlen sich gut und freuen sich schon total auf den bevorstehenden Tag.

Jetzt fahren Sie in aller Ruhe zu Ihrem ersten Flohmarkt. Dort angekommen, melden Sie sich erst einmal bei dem Veranstalter um einen Standplatz zu bekommen. Nun nur noch den Tisch aufstellen und die Ware ordentlich Präsentieren. Vielleicht haben Sie ja noch eine schöne Decke, welche Sie auf den so kahl wirkendem Tapeziertisch legen wollen.

Schon bald werden die ersten Kunden auch zu Ihnen an den Tisch kommen und hoffentlich reichlich Krimskrams bei Ihnen erwerben.

TIPP: *Manchmal bietet es sich an, wenn ein ganzes Haus, eine Wohnung oder eine Garage voll mit Krimskrams steht, einen sogenannten Hausflohmarkt zu organisieren!*
Bitte checken Sie vorher die Sachlage, ob eventuelle Genehmigungen für einen Hausflohmarkt vorliegen müssen.

* * *

„Eine Idee muss Wirklichkeit
werden können, oder sie ist nur
eine eitle Seifenblase.“

Berthold Auerbach
(* 28. Februar 1812; † 8. Februar 1882)

FLASCHEN SAMMELN

Wetten, ich kann gerade Ihre Gedanken lesen?! Sie dachten bestimmt gerade an Penner, die in Mülleimern nach Pfandflaschen suchen! Nur keine vorschnellen Urteile. Diese "Penner" haben einen Vorteil gegenüber manch anderen Personen. Sie nehmen die Pfandflasche als legale Einnahmequelle wahr und nicht, wie manch andere, als Müll.

Glasflaschen 8ct, Dosen und PET Flaschen 25ct, Kästen bis zu 3,00 EUR und mehr. Auf dem ersten Blick mag es recht wenig erscheinen, jedoch mal kurz nachgedacht, kann es für den einen oder anderen eine gute Möglichkeit zum Geldverdienen sein.

Selbstversuch
Wir packen mal unsere Vorurteile und Ekel beiseite. Schnapp Dir einen alten Rucksack und fahre ein paar Orte weiter, wo Dich, wenn möglich, keiner kennt. Wir machen dies, damit Du deine Scheu verlierst.
Gut angekommen, machst Du Dich auf dem Weg, schön gemütlich. Wenn Du aufmerksam den Weg entlang gehst, wirst Du feststellen, dass irgendwo auf einer Wiese, im Seitengraben und vielleicht auch in dem Mülleimer des Wartehäuschens (nimm Dir Einweghandschuhe mit) Pfandflaschen finden wirst.

Sobald Dein Rucksack voll ist, kannst Du wieder zum Auto gehen und Deinen Lohn am nächsten Supermarkt auszahlen lassen.

Beispiel

Wir nehmen an, Du findest bei einem Zeitaufwand von einer halben Stunde: 6 Bierflaschen, 4 Dosen, 5 PET Flaschen

$$6 \times 0{,}08 + 4 \times 0{,}25 + 5 \times 0{,}25 = \underline{\mathbf{2{,}73\ EUR}}$$

Was??? Zu wenig?

Das war ja auch zum warm werden. Nun stell Dir vor, in Deiner Nähe findet ein Open Air Konzert oder ein Festival statt. Dort wird gefeiert und jede Menge getrunken. Viele der Zeltplatzbesucher interessiert es nicht, was mit den Dosen und Flaschen passiert. Jene sind eher störender Ballast.

Wenn Du solch eine "Glücksveranstaltung" in Deiner Nähe ausspähen kannst, dann könntest Du mit Witz, Höflichkeit und Tatkraft ordentlich absahnen.

Versuch es einfach mal. Sprich die Leute höflich an und frage. Es wird keiner der Konzert- oder Festivalbesucher etwas dagegen haben, so lange Du nett bist.

Pfandflaschen aus Mülleimern

Rechtlich gesehen, ist der Mülleimer Eigentum der Stadt oder Gemeinde. Folglich gehört die Pfandflasche darin auch der Stadt oder der Gemeinde.

Ich drücke es mal vorsichtig aus. Bei dieser Pfandflasche in dem besagtem Mülleimer an der Parkbank handelt es sich schon um eine Schwarze Zone in der Grauzone.

Pfandflaschen beim Nachbarn im Keller

Denk nicht einmal daran. Der Keller ist Mietgegenstand des Nachbarn und somit sein Eigentum. Folglich die darin befindlichen Pfandflaschen auch. Für ein paar Pfandflaschen wäre es nicht ratsam, eine Anzeige wegen Einbruch und Diebstahls zu kassieren.

* * *

„Auch aus Steinen, die Dir in
den Weg gelegt werden,
kannst Du etwas Schönes bauen."

Emil Erich Kästner
(* 23. Februar 1899; † 29. Juli 1974)

DIENSTLEISTUNG

Dienstleistungen sind gefragter als denn je. Immer mehr ältere Menschen benötigen Hilfe für ganz alltägliche Belange. Auch hier könnten Sie Fuß fassen. Sei es als Einkaufshilfe, Hilfe bei der wöchentlichen Hausordnung oder kurzerhand als Fensterputzer.

Diesbezüglich ist schnell und effektiv eine Kleinanzeige im städtischen Blatt veröffentlicht. Bitte denken Sie auch bei jener Möglichkeit daran, dass der Preis das Auftragsvolumen bestimmt. Setzen Sie Ihre Preise nicht zu hoch an. Auch das Ausloten der Konkurrenz kann nützlich sein.

Eine weitere Idee wäre ein "Brötchen-bring-Dienst" fürs Wochenende. Auch jene Idee ist mit einem schmalen Geldbeutel machbar.

Was ist das Richtige für mich?

Diese Frage lässt sich schnell beantworten. *Mein Tipp: Machen Sie das, worin Sie besonders gut sind und was Ihnen auf Dauer Freude bereitet.*

Wenn Sie nach diesem kleinen Grundsatz Ihr neues Geschäft aufbauen, werden Sie feststellen, dass auch in Ihnen genügend Ideen stecken.

Was benötigen Sie?

- ein Konzept (sprich einen Plan)

- Analyse der Konkurrenz

- Geld für eine Kleinanzeige

- ein kostengünstiges Prepaid Handy (einfach mal bei Saturn oder Media Markt schauen; hier gibt es bereits ab 5,00 EUR Prepaid Handys zu kaufen)

- einen PKW

* * *

„Es ist nicht wenig Zeit, die wir haben;
sondern es ist viel Zeit, die wir nicht nützen."

Lucius Annaeus Seneca
(* etwa im Jahre 1; † 65 n. Chr.)

EBAY, AMAZON & CO.

Die Plattformen eBay und Amazon sind längst nicht mehr aus unserem Alltag wegzudenken. Jedoch hat sich in den letzten zehn Jahren auch genügend Gegenteiliges entwickelt.

Amazon hat sich immer mehr zur Such- und Kaufplattform Nummer Eins entwickelt. Immer mehr Kunden vertrauen dem amerikanischen Großkonzern.

Dagegen steht eBay nicht mehr ganz so gut da, wie noch vor zehn Jahren. Die Bietermentalität hat sich stark zum Gegenteil entwickelt. Wohingegen man sich früher schneller als Bieter outete, scheint es heute eher zum guten Ton zu gehören in der letzten Sekunde sein Gebot abzugeben.

Media Markt hat es mit seiner "Geiz ist geil" Werbung vorgemacht und auf einmal scheinen alle Kunden nur noch geizig zu sein. Ein jeder ist auf der Suche nach dem günstigsten Schnäppchen. Egal ob Bücher für 1ct plus 3,00 EUR Versandkosten oder einem gebrauchten Laptop für gerade mal 13,50 EUR. Das jenes Verhalten von Verbrauchern und Händlern auf Dauer für die Wirtschaft ungesund ist, müsste jedem einleuchten.

Verkauf auf eBay

- viele Auktionen ab 1,00 EUR Startpreis können ohne Gebühren eingestellt werden

- die Verkaufsprovision beträgt mindestens 10% vom End-Auktionspreis

Das Preismodell von eBay sieht auf dem ersten Blick sehr umständlich aus. Deshalb ist es ratsam einmal genauer hinzuschauen, was auf Sie zutrifft.

Verkauf auf Amazon Marketplace

Hier sieht es schon etwas freundlicher aus. Amazon unterscheidet zwischen zwei Preismodellen: dem Einzelanbieter und dem Power-Anbieter.

Umsatzsteuer auf alle für Verkäufer anfallenden Gebühren

Wenn Sie nicht im Besitz einer Umsatzsteuer Identifikationsnummer sind, berechnet Ihnen Amazon Marketplace für jeden getätigten Verkauf (seit dem 01. Juli 2003) auch die Umsatzsteuer. Die Umsatzsteuer liegt, durch den Sitz in Luxemburg, bei 15 Prozent. Diese Ausnahme von der Umsatzsteuerpflicht bei Verkäufergebühren ist nicht für Verkäufer möglich, die in der Schweiz oder Liechtenstein mehrwertsteuerlich registriert sind. Dies resultiert aus der lokalen Mehrwertsteuer-Gesetzgebung in der Schweiz und Liechtenstein, welche elektronische Dienstleistungen einer Mehrwertsteuer von 7,6 % unterstellt.

für wenig Verkäufer (Einzelanbieter)

- Feste Gebühr für jeden Artikel, der auf Amazon verkauft wird in Höhe von 0,99 EUR

- Verkaufsgebühr für Bücher, Musik & Video in Höhe von 15 Prozent plus einer variablen Abschlussgebühr von 1,01 EUR bis 8,91 EUR

- Verkaufsgebühr für alle anderen Kategorien in Höhe von von 7 Prozent bis 45 Prozent oder eine Mindestverkaufsgebühr von 0,50 EUR pro Artikel

Beispiele für einen wenig Verkäufer auf Amazon

- pro verkauftem Artikel, zahlen Sie neben der Verkaufsgebühr noch eine Grundgebühr sowie die Umsatzsteuer.

- pro verkauftem Artikel zahlen Sie zusätzlich eine Grundgebühr von 0,99 EUR.

Verkaufen Sie zum Beispiel ein Fahrrad zum Preis von 100,00 EUR, zahlen Sie ganze 10,00 EUR Provision an Amazon, sowie 15,00 EUR Umsatzsteuer und 0,99 EUR Grundgebühr. Unterm Strich bleiben Ihnen 74,01 EUR.

Power Anbieter (mit mehr als 40 Verkäufen im Monat)

- monatliche Grundgebühr in Höhe von 39,00 EUR zzgl. Umsatzsteuer

- Einstellgebühr und variable Abschlussgebühr entfallen bei diesem Abo!

* * *

„Du bist geboren, um Erfolg zu haben.
Niemand kann Dich davon abhalten,
außer Du selbst."

Arthur Lassen
(* 1939; † 13. September 2000)

INVESTIEREN

Mit Investitionen zu mehr Geld kommen! ... klingt nicht nur abenteuerlich, es ist auch riskant. Wie jeder Unternehmer, wirst Du irgendwann feststellen, wer nichts investiert, der kann auch nichts zurück bekommen. Wer viel investiert, der kann auch viel verlieren.

Mit diesem Bewusstsein und dem Einplanen der Möglichkeit des Verlierens schauen wir uns diese Methode mal genauer an.

In den unterschiedlichsten Plattformen für Kleinanzeigen findet man manchmal spannende Angebote. Man kann auch ganz gut mit den Privatanbietern verhandeln und eventuell den Preis etwas drücken. Wer ein wachsames Auge hat, kann mit jener Methode recht schnell und vor allem viel Geld machen.

Wie soll das gehen?

In unserem Beispiel suchen wir ein gebrauchtes Galaxy S7 im neuwertigen Zustand. Zielsetzung ist, so wenig Geld wie möglich auszugeben, um es gewinnbringender bei Amazon zu verkaufen. *Grund: Neue Smartphones sind sehr gefragt. Der Verkauf kann innerhalb von Stunden abgeschlossen sein.*

Voraussetzung

- Bargeld
- einen Amazon Marketplace Zugang

Auf der Kleinanzeigen-Plattform von eBay fand ich ein Samsung Galay S7 (Neu/OVP) für 380,00 EUR. Der derzeitige Amazon Preis liegt noch bei 630,00 EUR. Wer jetzt schnell handelt, kann tatsächlich in kurzer Zeit mehr Geld generieren.

Wie gesagt, dies ist ein Beispiel und muss nicht auf die derzeitige Marktsituation zutreffen. Man sollte länger den Markt beobachten, um die höchstmöglichen Erfolge zu erzielen. Es muss ja auch nicht immer ein Smartphone sein. *Jedoch sollten Sie sich auf die Elektronikbranche konzentrieren.*

* * *

„Entweder wir finden einen Weg,
oder wir schaffen einen."

Hannibal Barkas
(* um 246 v. Chr.; † 183 v. Chr.)

ZUM SCHLUSS

"Gutta cavat lapidem." - auf deutsch: *"Steter Tropfen höhlt den Stein."* ... mit diesem Sprichwort von Ovid schließe ich dieses Buch und bedanke mich, dass Sie es geschafft haben dieses Buch bis hierhin zu lesen. Ich hoffe, dass es Ihnen gefallen hat und Sie ein paar nützliche Tipps und Anregungen für Ihr eigenes Projekt gewinnen konnten.

Jedes einzelne dieser beschriebenen Projekte kann funktionieren. Ganz ohne einem großen Startkapital. Für Ihre Zukunft wünsche ich Ihnen nur das Beste und merken Sie sich eines gut: *Sie müssen nur an Ihr Projekt glauben und am Ball bleiben. Denn für ein vorzeitiges Aufgeben besteht kein Grund. Sie können nur gewinnen!*

Ihr

Maximilian Caspar

NOTIZEN

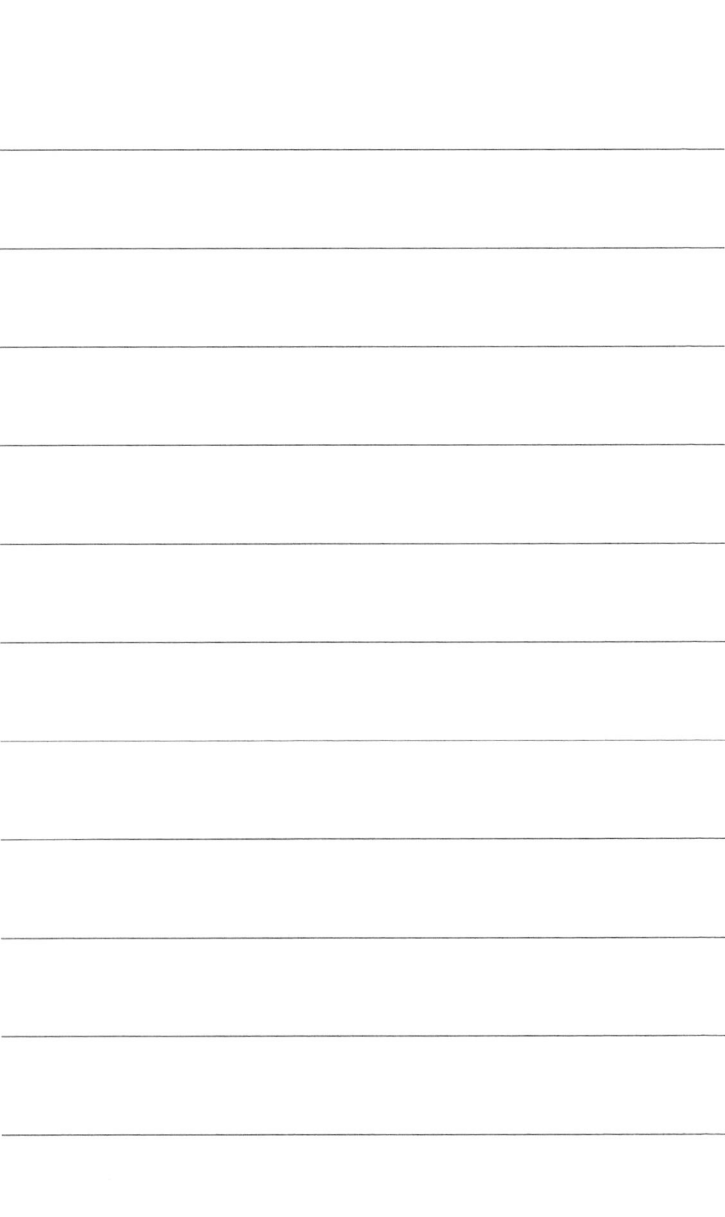